JN410620

다섯 章의 時

다섯 번째 시집
Cho' s Fifth Collection of poems

다섯 章의 時

Past through Present Times composed of Five Chapters

조성순 시집

세종출판사

시인의 말

  지금의 글은 내일의 역사가 되고
흔적을 남긴다.
혜안이 넓고 깊은 『PEN문학』정보에서
인류평화와 인권 문제에 적극 참여하고
보고 싶은 『문학도시』 작가들
작품 배경의 발자취를 더듬어
한 사람의 그림자는 굳이 성인들 거명 없이
되돌아보고 우리는 내일을 고민한다.
  지식인들의 창작물에서
연구실적을 보고
전쟁으로부터 통치의 수순을 따라가면서
패전의 아픔은 인명과 자산의 손실
위상의 추락을
권력의 찬탈 숙청
  그에 따른 진실의 왜곡은
먼 후일 사실이 입증되고
통화는 발권력을 남발하여
경제정책이란 이름하여
성장이라는 포장으로 수수방관 나 몰라라
  오늘의 지식정보는
내일이면 데이터마사지로 신뢰가 흔들려
파지로 제지 공장으로 갈 것을
섣부른 지식에 정보에 우리가 경계할 즈음
어디로 가야하는가!
나는 모르는 것을 모르고 있다는 사실을…

목차

1장

🕮 보고 싶은 문학도시

◇ 세계지도 그리고 인문학의 흔적을

인문학의 흔적을. 촬영 : 지은이

◇ 세계지도 그리고 인문학의 흔적을

≪PEN의 헌장≫정신 아래
『PEN문학』은 문학에 대한 혜안을 깊고 넓게 확장하고
국제 PEN한국본부 일원으로서 자긍심은
유능한 PEN회원으로부터 신선하고 시원한 글,
언행과 많은 지식정보를 공유하고
약자에겐 배려 기회 균등은 물론
나아가 인류 평화 인권 문제에 동참하게 한다.

국가위상이란 우리 문학작품을 해외에 널리 알려서
지식의 기초가 되는 인문학의 다가 올 이정표에 이바지하는 것이다.
이제 정확히 약속한 중앙정부의 지원으로
문인들의 활발한 창작활동으로 창출된 작품이
널리, 멀리, 알려져
Pen이 지구 별을 지배할 것을 믿는다

『이명산』창간호 발행인으로 일할 때
인문학의 영혼이 제자리에 정리되지 않는다면
인간 인격 인품이 형성되어야 할
도덕과 양심은 내 팽개치고 몰염치 한으로 변 할 때는
대기 미세먼지를 마시는 것 보다
더 고통스러울 것이다
교육의 본질이 행복이라면 덧붙일 말이 없다.

『내 마음의 창窓』은
성장과정 고향의 그리움을 그리고
우리 집안의 뿌리, 시사경제에 관심을 두고
CEO의 말 한마디는
「언제나 처음처럼」 귀전에 맴돈다!
삶의 밑그림을
바탕으로 생각으로 행동으로
미련과 후회는 없다
딱히 빚이 있다면 자녀들의 관심을
국가라는 틀에서 사회생활에 인류공헌에

『내 정말 그 때였다면』 하고
한 참 뒤 삶의 끄트머리에서
글을 쓴다고
글은 자기를 사랑하는 자에게 아무것도 주지 않는다
글 쓰는 사람이 행복한 이유는
아낌없이 퍼주는 우물처럼 뭔가를 주기 때문이다

알아도 모른 척
있어도 없는 척
잘나도 못난 척 바보처럼 행동하는
붕어가 물을 모르듯이
물 그런 것이 있어
척으로 70여 년의 『시간의 터울 속에서』도

이젠『내 정말 그때였다면』하고
정형화된 틀 속에서
반짝이는 문자를 이용하여
조립하고 풀어서 문장이라고
詩라고 산문 수필 그리고 칼럼이라고

가난한 문자에 묻혀
「문자」라는 감옥에 있는 신을 해방시켜야 한다
「문자」자체를 완전히 무시하자는 것은 아니고
「문자」의 완전한 존재를 비유하고
상징하는 주요한 매개물이다

한 사회와 체계에서 정형화되면
인간의 의식을 지배하게 된다는 사실을 기억하면서
아직도 내 갈 길을 몰라
서글픈 상념들이여!

『작은 흔적을』남기고
사가史家들이 엿보고 조명할 때
정의에 반하는 비굴한 행동은 하지 않는
범위 내에서 한가함을 즐길 여유를 가지고 있는가!
진정한 자유는 나만의 소망일까

도덕적 가치를 우선에 두고『작은 흔적을』

진정한 정의는 무엇인가
낭송시 연설문 인사말씀이 상재되어
한 올 한 올 풀어보는 것이
나만의 달빛고을(달구벌 빛고을) 오가는 아름다운 기억이다.

문자는 말을 표현한 것으로
말은 죽어 있는 언어의 세상이 아니고
살아 있는 영혼의 세계이다
서로가 서로의 원인이면서
결과는 집약된 하나의 운명체인 것이다.

말은 생각의 길이다
사상의 길이다
상념의 분출구이다
모든 것은 주관적 판단에 따를 뿐이다.

『햇무리 필 때』쯤 이면
서둘러 마무리하여야 할 시간이라고
『법전』의 바탕 위
밝은 사회 꽃은 기회의 균등
나눔 문화 확산에 대한 배려이다

그러나
제대로 가는 것은 보기 드물다
강자의 힘은 사회정의인가

세상은 공평하다고 스스로 속이지 말라
인간은 태어날 때부터 차별 받는다

『고요의 빈자리가』있는데도
여유가 여백으로
삶도 같은 여정에서
예기치 않게 숨은 고수를 만나게 되고
그들을 통해 새로운 깨달음을 얻을 수 있다는
평범한 진리를

나는
하늘을 우러러 한 점의 부끄럼이 없는가?
풀잎처럼 쓰러지기도 하면서
사회정의에 동의하는가!

문화 역사의 흔적을 찾아서
『아름다운 유성 볼거리 할 일도 많다』는 함의에 젖어
<바티칸궁전Pallazzo Vatican>에서
미켈란젤로는「피에타 상」을 로마에서 머물던
1449년 25세 때 프랑스 추기경의 주문으로 만들었고

마리아가 두른 어깨띠에는 아니라는 생각이
어떻게 있을 수 있겠습니까?
“피렌체인 미켈란젤로 부오나 로티 제작”이라는
<MICHELA GELVS BONAROTVS. FLORENT FACIE BAT>

문구가 새겨져 있다
<피에타>상은 이탈리아어로 '자비를 베푸소서' 라는 뜻으로
피렌체에 있는 <다비드상>과,
로마의 <산 피에트르 대성당>에 있는 <모세상>은
3대 대표작으로 꼽히고

피렌체의 상징 <꽃의 성모사원>이 착공한지 150년 만인
1446년에 완공 3만여 명이 운집할 수 있고
베네딕도 아이아나의 십자가가
아드리아 델 카스타니요와 파올 로 베첼로가 그린
두 개의 대규모 <기마천상화>
루카 델라 로비아의 채색도판으로 만든 아름다운 릴리프 등이다.
바사리와 그의 제자들이 그린
프레스코화의 <최후의 심판>을 뒤로 하고

베키오 다리를 통해 아르노 강을 건너 단테Alighieri, Dante의 생가에 갔다
피렌체의 귀족가문 걸프 당(교황 파) 출신 시인
예언자 신앙인으로서 단테(1265~1321)는 『신곡Divina Commedia』
『신생』『농경시』『향연』을 남기고
중세 문예부흥 선구자로서 괴테, 셰익스피어, 호메르스와 함께
세계의 4대 시성으로 알려진 시성의 자택은
다리를 건너 머지않은 길가에 단층으로 자그마한 붉은 지붕에
낡은 대문 옆 벽에는 '단테의 생가'라는 표시가 되어있다.

「비에타 상」을 만든 그 시기에, 세종의 한글창제가 1443년에

≪훈민정음≫으로 1446년에 반포되었고
『경국대전』이 1471년 『동국여지승람』이 1481년이니
우리의 역사는 얼마나 앞서 가고 찬란한가!

미켈란젤로는 1504년 경 여성에게 바쳤을 것이라는
목가牧歌는 가슴을 때리는 표현으로 내가 이미 내가...

이즈음 성리학자 이퇴계는 『퇴계전집退溪全集』등을
서산대사는 『청허집淸虛集』 『선가귀감禪家龜鑑』을
율곡 이이李珥는 『성학집요聖學輯要』등 많은 걸작을 낳았고
조광조趙光祖 참수斬殺의 기묘사화 슬픈 역사도 있었다.
이퇴계의 <도산서원陶山書院>(1560년)도 건축하였고
유학자 유성룡은 『신경록信經錄』, 고승 사명대사는 『사명집四溟集』
허균은 『홍길동전』, 『동의보감』의 저자 허준 등 많은 인재들이
유교사상 인문학 종교 의학에 이정표를 남겼으며
한편 프랑크프르트 대학이 창립되고
엘 그리그 화가는 「성모의 승천」을
세르반테스Servantes 소설가는 『돈키호테』를 낳았다.

아아! 신이여!
아아! 신이여!
나에게 나 자신을 빼앗아 가는 자는 누구일까?
내 속에 있으면서도
나 자신보다도 힘 있는 이는 누구일까?

미켈란젤로 작가의 생각도 고충도 많았으리라
천장화의 그림은 4년 동안 고통스럽게 작업을
'노아에 관한 이야기'
'아담과 이브의 원죄와 낙원추방'을
'하늘과 물의 분리'등 나머지는
원형의 벽화로 1512년 10월에 완성되고

레오나르도는 특히
문리학 역학 광학 천문학 지리학 해부학 식물학 지질학 토목공학 등
연구예술과 인생론의 남긴 글은
20년 아래인 미켈란젤로와는 평생 사이가 좋지 않아
사회활동에 애로와 고통은
그의 유고 시집에서 잘 드러나고 있다.

베드로 성당 로마 교황청의 중심적 건물
1천 4백 개가 넘는 예배당 건축면적은 5만 5천㎡
20여 개의 도서관, 미술적 가치가 높은 것들을
「카타콤Catacombs」지하는 3백 년 동안
약 6백만 명의 시신이 매장 땅굴
총길이는 약 9백㎞가 숨어 있는 교황청의 아쉬움을 남기고

<베르사유궁전Chalean de Versailles>으로
비운의 루이 16세 왕비 마리 앙트와네트가 지내던 곳
'거울의 방' 창 넘어는 향수를 달래기 위한 인공저수지의
고요하고 화려함은 물론 부귀영화 권력중심의 현장이다

<베르사유 궁전> 앞으로 펼쳐지는 100ha 광대한 장미꽃 정원
22개의 분수와 궁중음악에 춤추는 쇼에 엉덩이를 흔들고

지중해 연안
오스만제국의 황제가족 술탄들의 거주지
<톱 카피 궁전>의 웅장함에
4백여 년 동안 술탄의 영화로웠던 곳으로
19세기 중반에 <돌마바르체 궁전>의
장식 유물들의 화려한 제국 위대한 권력을 밟고

태평양에 가랑잎 같은 무역선 불빛에서
붉은 바다 도도함에 신비한 유성의 성체를 띄어 보내고
광활한 사막으로 로키산맥을 넘어 '죽음의 계곡'으로
경이로운 자연의 위대함에 찬사에 인색할 수 없는 것을 뒤로하고

케네디 공항에 안착.
뉴욕시티 매머드 빌딩에서 세계경제를 좌지우지한다는
사실을 보고 듣고 최광의最廣義 총유동성(M3 LF)은
내
당기 순이익에 얼마나 영향을 미치는가!

해마다 1천만여명이 다녀간다는 23개의 갤러리에
으뜸가는 <스미스소니언 박물관>은
수십 대의 비행기 우주선 로켓
항공우주관련 된 물건들이 전시돼

NASA를 포함한 미국항공 산업이 앞서

1903년 완성작
인류 최초 비행기 <라이트형제 1903 Fly>
<프렌드 십 세븐> <콜롬비아> 등이
전시 <아폴로17호>의
미니 디오라마도 스피커 밑으로 가면
우주비행사의 음성을 들을 수 있으니

소리도 영구 보전할 수 있다고
그 또한 한정 된 시간이 아닌가
문자가 구속되어 있듯이

시각은 빛 공간 조형의 감각으로
무한하게 존재하는 것과
존재하지 않는 것을 모두 볼 수 있다

듣는 것 보다 보는 것이
공간예술은 시각예술보다 우월하다
나 지금 어디에서 날고 있는가!

한 세기의 항공산업 발전사를
개犬가 바위 지나간 흔적으로 보기엔
너무나 무거워 보는 즐거움이 비행기 삯은 아깝지 않다.

23년이 지난 오늘은
≪비질런트 에이스Vigilant Ace≫ 한·미 연합 공중훈련을
2017년 12월 6일
한반도 상공에서 장거리 폭격기 랜서 B-1B를 중심으로
한국공군의 F-16 2대와 F-15K 2대
미 공군 B-1B 1대, F-35B 2대가

광주에서는
제1전투비행단 활주로를 이륙하는
스텔스 전투기F-22 랩터와 우리공군 F-15K가
오산기지에서는
전자전기EA-18G 그라울러와 A-10 미공군기와
8일까지 한미최대훈련 비행을

폭격기 랜서 B-1B는 전장 44m 전폭41m
자체중량 86톤 최대 이륙중량 216톤으로
천문학적인 가격 장비 기체만 4천억 원
무기탑재 포함하면 50조원으로

재급유 없이 대륙 간 비행 1만2천Km
초저공비행 60m, 후퇴각 67.5도 까지 가능
엔진은 4기, 최대속도 마하1.2 최첨단장비의
신기술 전투력의 랜서 B-1B가격은
우리 국방예산 43조원과 비교 짐작할 수 있는
위엄한 미 국방산업의 전력은

생존(국가안보)을 위하여
엄청난 대가를 피할 수 없는 상황에서
자유롭게 태어났으나 어디에서나 보이지 않는
사슬에 묶여 있다는 사실을 기억한다면

지난 1년이 과거의 10년을, 다가 올 1년은 미래의 20년을
인류가 창조한 정보기술의 위력 앞에서
『제4의 물결은 온다』는 시대에 지배와 종속에서
우리는 뭘 어떻게 대비해야하는가!

세상에서 제일 빛나는 자연사박물관에서
은행가 헨리 필립 호프에서 얻은 이름으로
Fancy 45.52캐럿 "블루 호프 다이아몬드"가 반짝이고
루이 14세가 소장하면서
보유한 사람은 불행이 잇따라 이곳으로

포루투갈 마리앙트와네트의 귀걸이
"스타 오브 아시아" 3백3십 캐럿 사파이어 등 많은 보석들
150여개 달에서 가져온 돌도 만져볼 수 있고

신의 빛, 색깔, 영혼의 다이아몬드는 '정복할 수 없는'이라는
그리스어 '아다마스adamas' 어원이다
다이아몬드는 99.95%가 순수탄소로 구성된 지구별 광물체로서
16억년~33억 년 전, 지하 150km에 깊게는 720km에서

화산활동 용암이 불출할 때 올라와 햇빛을 본 것은
기원전 5백 년경으로, 권위 부의 상징 '영원함'을 뜻으로
그 품질은 지하 깊은 곳일수록 좋았다고 한다.
1867년 선교사가 남아프리카 나미비아 해골지역에서
어린이들이 공치기하는 것으로
17세기말 경부터 가공하여 빛의 보석으로 주목 받아 왔다.

가장 인기 있는 핑크색은 나폴레옹 1세
조카 마틸드 보나파르트가 소유 8.72캐럿
공주가 사망한 뒤
앤드루 미국상원의원 가문에서 소장하고 즐긴다.

이스라엘 왕
수천 명의 비빈 첩을 거느린 솔로몬도
사랑하는 술람미 여인에게 많은 보석을

『아가서』 4장 9절에서
"내 누이 신부야 네가 내 마음을 빼앗았구나,
네 눈으로 한 번 보는 것과 네모의 구슬 한 꿰미가
내 마음을 다 빼앗았구나."

다이아몬드는 순결한 빛으로
『구약성서』「출애굽기」에 붉은빛, 남빛, 진주빛, 보석은
제사장 옷에 12지파를 상징하는
12개의 구슬을 상징하여 성결과 권위를

이것이 바로 탄생석으로
암석의 정수 기氣가 함축되어 있다고 믿었다.

클레오파트라는 금장식과 에메랄드 보석을
마리아네트와 조세핀은 보석에 사치를 절제 없이
조세핀은 다이아몬드를 탐貪하여 많은 빚에
나폴레옹은 그 빚을 갚기 위해 13년 만에 이혼을

페르시아 국왕이 샤 자한에게 헌상한 '타지마할'은
인도를 통치할 때 무굴제국 황제의 왕비 뭄타즈 마할
(왕궁의 최고의 꽃이라는 뜻)에게
100캐럿짜리 '타지마할' 선물 목걸이를 소유하면서 계속 불행하여
리즈테일러는 '타지마할'을 뉴욕 소더비에서 경매처분을

도날드 트럼프는 25캐럿 다이아몬드로
멜라니아 트럼프의 30여년의 나이 차이를 극복하고

타이타닉과 블루호프다이아몬드는
화려한 외관과는 달리 불운을
다이아몬드 등가等價의 가속성은
그 진실 인류의 역사에
가치평가는 중僧의 얼레빗 값이 아닌가!

다이아몬드의 광채와 허무를
반군단체가 다이아몬드를 팔아 사들인 최신무기가 살생을

시체의 산을 핏빛으로
불요불급한 저주의 다이아몬드 운명의 돌멩이

아프리카 노예들의 저주 수많은 전쟁
목숨을 바쳐 결정된 것
현란한 광휘의 보석은 요괴의 전설로
권력과 부, 사랑의 척도 진실의 깊이는 어디까지인가!

『용감한 사람들』 작가 해군장교 출신
세상을 불바다가 되기 전까지 몰고 간 결단력
존경하는 존 에프 케네디 대통령
알링턴 묘지에서
43세 나이는 하늘이 준 시간인가
난 그 시간에 쇠죽을 끓이고 있었으니
내 자리는 어디쯤인가
삶의 진수를 느끼고 살았는가!

오늘의 중국은
은·주
춘추전국시대
진·한
위·진·남북조
수·당
송
원

명

청

아편전쟁

신해혁명

중화인민공화국탄생

문화 대혁명

중국의 개방으로

진시황제가 흉노를 방어하기 위하여 시킨
기원전 214년에 몽영장군이 완성한 만리장성을 밟으면서
중화의 <자금성>에서
서태후를 만나고
명나라가 망한 것은 숭정제崇禎帝때의 일
농민군 이자성에게 쫓긴 황제가 시가지가 보이는
경산공원에서 목을 매 자살

1911년 10월 10일
청나라를 무너트린 신해혁명 후
아시아 최초의 공화국 탄생
쑨원 임시 대총통에 정권을...
일본의 21개 사항 요구에 반발 홍위병 중심으로
문화의 대혁명
<천안문광장 사건>의 폭풍우 속을 나와

황하의 물줄기처럼

상해의 눈부신 발전은 시대적 요구인가!
홍구공원에서 거역할 수 없는
도도한 역사의 부름에 죽음으로 민족의 얼을 묻고

비암산을 밟으면서 내려다 본
혜란강 광활한 북간도 벌은 우리 땅이라고
민족의民族義 흐르는 큰 발자국 따라
정상에서 만난 '늙고 늙어서도'는
강점기에 지워지고 건강한 일송정 윤기에서

조국을 찾겠노라고 맹세한 선구자
거친 꿈의 절박한 메아리가
혜란 강 오천 년의 삶으로
조각조각 흘러 오늘도 풍요를 남기고

광개토대왕의 강인한 혼으로 지켜온
조선말기 개척한 광활한 평야
북간도 우리의 보고
청산리·봉오동 항일 독립운동의 전승지

비옥한 대지大地 한 많은
북간도 벌은 우리 땅이라고
북간도 벌은 우리 땅이라고
조선족의 애잔한 맘 둘 길 없어 무거운 발길

나폴리 항구 황홀한 야경을 더듬어
인류행복을 욕망을 계량의 갈망渴望은 어디까진가.
권력의 지배구조인가
사랑의 힘으로 승리한 것인가
인간의 거룩한 힘의 원천은 무엇인가

지중해에 들어가 13세기 초
십자군과 비잔틴제국의
치열한 접전의 흔적을 구경하고
힘의 결집
그 목적이 마약 같은 권력인가
목숨보다 귀하고 귀한 것은 명예인가
그들의 사전史傳에 저항이란!

라티움 평원에서 로마Roma 대학이 창립되고
영·불 백년전쟁의 시기에
<피사의 탑>이 완성되고, 『포은집圃隱集』이 탄생하였다

인간의 끝없는 모르핀 같은
지배와 장악 소유 욕망의 말로가 끌려가는 것을 두고서
시민을 우둔한 바보 같은 거위로 생각했는지
소통이 없는 국가는 병든 조직의 사회이다.

안토니 가우디가 남긴 <사그라다 파밀리아 교회>의
문화와 유물을 찾아서

떠나는 여정은 이데올로기를 넘어서
영혼의 안식처라는 신념으로 화려하고 웅장한 걸작을

평생 가정도 가족도
황홀한 연애할 시간마저 잃어버린 여정은
가정이란 종의 번식이란
전부가 예술창작에
미쳐버린 예술가의 영혼을 묻어 둔 흔적을

결국
『금정산 그리고 중앙동』에서
「사랑하는 금정산」을 두고
자갈치부터 「공동어시장」으로 「몰운대」를 돌아
「광안리」 해운대로 동백섬으로 걷다가

오월의 어느 날 가락국 발원지 <구지봉석龜旨峯石>(사적429호)이 있는 백두대간 말미의 이곳에서 늙은 소나무에 외워 싸인 아리랑의 이야기에 귀 기우릴 쯤 낙동강은 은빛으로 반짝이고 좌우로 김해시 김해평야가 보이고, 아래는 아담한 명당 <가락국수로왕릉駕洛國首露王陵>의 건국 2천년의 역사가 위용을 자랑하는 곳으로 고요가 깊어 가는 가락국의 진원지에서 아유타국 허황옥 공주의 애잔한 역사를 들어 본다.

『왕오천축국전往五天竺國傳』에 의하면 아유타국은 전통적인 대승불교의 본산지로서 감숙성과 신강성 남부, 서장성 일대에 걸친 광범위한 불교 집산지였다. 중천축국中天竺國이면서 바라문교와 불교 사이 분쟁이 끊

일 사이 없이 일어나는 시대였다. 이때 아리타국은 인도황하 북부지역까지 강역이 미치고 아유타국의 본거지는 서장성 서북부, 아라阿羅 또는 아리阿里 지역은 허황옥의 고향이 바로 아리이다.

중천축국中天竺國이 동남쪽인 서장성으로부터 인도 황하유역까지 뻗어 있을 때, 감숙성의 서쪽으로는 소월씨국小月氏國이 강성해져 바라문교를 휩쓸고 대월씨국大月氏國으로 강성해갔다. 후한後漢 때에는 흉노匈奴가 격파시키면서 인도의 황하유역까지 침공하였고 서쪽으로는 아프가니스탄阿富汁까지 점령하는 대전란이 일어났던 시대이다.

이때 아유타국 역시 몰락의 비운으로 공주 허황옥은 살길을 찾아 불운한 고행길을 택하게 된 16세의 어린 공주는 고향을 떠나올 때 쓰라린 가슴은 오죽했으랴. 그때 슬픈 노래가 「아리낭」이다.

아리낭阿里娘
아리낭阿里娘 아리낭阿里娘 아라리용阿羅里瑢
아리낭阿里娘 고개로高皆路 염어간다念御看爹

아리낭阿里娘 아리가 고향인, 젊은 계집이란 뜻으로 '아리낭'을 반복한 것은 고향인 아리阿里를 떠나는 애틋함을 강조하는 것으로 아라리용阿羅里瑢은 아름답고 빛나는 아리의 고향을 떠나는 아씨를 보고 구슬프게 옥피리를 불어 준다는 가락의 뜻으로 '아리낭'이라고 한 것은 애타게 아리낭자를 사모하는 뜻에서 고개로高皆路는 높고 언덕진 고원의 길로 염어간다라고 아버지를 생각하면서 다시 모실 것을 내용으로 풀이 한다.

나아할奈我割 발리고發離苦 가시난임可視難任

십리도목가서十里到鴦可徐　발병난다發病難爹

'나아할奈阿割'이란 내가 어찌 이 지경이 되도록 일그러졌는가, 라는 뜻이고, '발리고發離苦'라는 말은 고생길을 떠난다. '가시난임可視難任'이란 언제 임을 다시 만날 수 있을까? '십리도목가서十里到鴦可徐'라는 말은 십 리도 채 도달하지 못하고, 집오리가 멀리 갈 수 없는 것처럼 힘든 길을 갈 수 없다는 것을 말한다. '발병난다'發病難爹라는 어려움이 많아 병이 날 것이라는 애절한 가사로 부르는 아리랑의 음은 본래 아리낭에서 유래되어 아리낭을 노랫말로 부르면서 아리랑으로 음이 변형된 것이다. 아리랑阿里浪이라고 할 수 있으나, 고향을 떠나서 눈물을 흘린다는 뜻이다. 아리낭阿里浪이라고 하는 것은 어린 계집아이가 아리阿里의 슬픈 사연이 담긴 한자 특유의 깊은 사상이 내포된 아리낭 아리낭 하는 음이 그대로 아리랑으로 변형되었음을 알 수 있다. 언제 들어도 즐거운 우리 아리랑은 지방마다 다른 아리랑으로 전해진다.

전주 김용옥시인을 만나
「남의 책 함부로 버리지 말라」니
시집 만 5천 권 있다고 1만 권 이상 쌓이면 어쩌겠어요?
나이를 느끼면서

내 둥지로
이제 시간은 얼마나 주어질지
詩를 받을 것이라고
詩作하는 마음으로

더 열심히 하고 교과서 상재는 푸른빛으로
누군가가 기억해 줄 수 있는 글
삼가 문운을 학동學洞은 간절히 빌면서
보고 싶은 문학도시들 그리고 문화의 흔적을

『문화 역사의 흔적을』 찾아서
연변대학 총동창회장의 유창한 우리말에서
한 민족의 감정을
동산묘지에서 두만강변에서 북간도 명동에서
조선족들의 치열한 민족의식을
강냉이 밭에서 우리조상의 얼이 흐르고

1906년 이상설 이동영 정순만 등과 용정으로 망명
독립운동의 서전서숙(명동중학교)의
활동거지로서 인재육성에 진원지에 역사를

1907년에 이중 이위종과 함께 고종황제의 특사로 파견된
민족운동진원지 일송정에서 바라본 만주벌판은
우리민족의 생활의 터전을
봉오동전투에서 장백폭포에서 우리 땅의 정기를

누군가의 회생이 요구되는 역사에 따라
조각난 편린을
열사 의사 순국선열의 길을 더듬어 국가관이
자유와 평화에 묻혀서

신사임당 모습인 양 민화에 깔려있는 아름다움은
되돌릴 수 없는 상실의 시간을

전쟁이란 폭력으로 국가를 훼손시키고
인권 인격이란 모조리 말살 파괴된 모욕감에
국치일을 잊을 수 없는 역사의 장을

시간적 공간적 뿌리를 찾음으로서
사랑이 그 어떠한 전쟁과 죽음보다 강하다는

나의 정의롭지 못한 이유 때문에
나는 무엇을 모르고 있는지를 모르고
나는 한가함을 누릴 자격을 …

연설문 권두칼럼 취임사 격려사 발간사로
낭독 낭송 문자로서 시로서『작은 흔적을』
남기고 민족혼을 이어갈 오늘은
사이버혁명
무기혁명
인권혁명으로 따라야 할 우리는 뭘 준비해야 하는가!
저녁노을처럼 발광하는 아름다움으로
정통의 문화와 역사의 빛나는 거룩한 흔적을
도덕적 기저를 깔고 상처 없이 영원히 빛나길 빌어본다.

2장

📖 안토니 가우디의 흔적을

◇ <사그라다 파밀리아 교회>에서

<사그라다 파밀리아 교회>에서. 촬영 : 지은이

◇ <사그라다 파밀리아 교회>에서

1

교회는 신이 머무는 곳으로 기도하는 곳
건축은 최고의 조형예술 미완성작으로서

Sanctus, Sanctus, Sanctus,
'성스럽도다' 라고
성부와 성자 성령께 봉헌된 말

소리를 들을 수 있는
붕어에게 "물이 뭐지?" 하고 묻는다면
붕어는 "물? 그런 것이 있어?"

16세기 스페인 왕국이 가톨릭교회의
사회이론을 정착시키기 위하여
인간은 모두 천국갈 수 있는 자격을 갖고 태어납니다.

2

<사그라다 파밀리아 교회>는 속죄의 교회로서
초석은 1882년 <성 요셉 대축일>에 놓였으며
카탈루냐 문예부흥의 종교적 상징이었고
고유한 언어를 사용하던 독립된 왕국
16세기 스페인 왕국이 들어서면서부터
카탈루냐는 독립성을 잃고

그전에 한국 최초 김대건신부는 1846년 순교한 것으로

19세기 말부터 언어와 문화를 되살리기 위하여
1866년 가톨릭교회의 사회이론을 노동세계에 적용하여
<성 요셉 신앙인 협회>를 조직했고
주간지 『성 요셉 신앙 선교자』를 간행하였다.

문예부흥의 근간이 되는 시절
공사 감독을 우여곡절 끝에 31세의 안토니 가우디를 추천
1883년 11월 3일 취임
늙은 용이 구름을 얻듯이 자기가 하고 싶은 일
얼마나 가치있고 아름답고 행복한가!
열과 성, 혼을 다하여 평생을 창조의 기쁨과 멋으로

크리프타에서 롤레트로 옮겨진
사타 카사 데 나사레트 (나사렛의 성스러운 집)의
복제품을 숭배하여 토지만 허락된다면
이 땅 가득히 건물을 세우고 싶은 욕망으로
가톨릭에 적합한 비잔틴 양식으로 바꾸어
그 해결법과 조화로움을 추구할
밑그림으로 바람을 빌어 돛단배 달리는 것처럼 흘려서…

3
빛은 모든 장식의 기초요
빛에서 분해되는 여러 가지 색채가 생성되어

조형예술을 지배하고
회화는 빛을 묘사할 뿐이며
건축과 조각은 무한한 색조와 변화를
예술은 아름다움이고, 아름다움은 진실의 광채이다.

조명이 밝아야 한다는 것은 올바른 판단이 아니다.
증명은 원리의 확인이고
실험은 사실의 확인이며
빛과 그림자 그리고 어둠은
'분명하게 참이라고 확신하는 것 외에는
그 어떤 것도 참이라고 받아들이지 말라'는
데카르트의 글은 오늘도 반짝인다.

빛의 중요성을 알았던 거장
빛을 이용으로 한 환상적인 거대한 공간은
태양의 빛
간접 조명이 엄숙하면서도
아름다운 공간의 배치 조각상은
예수가 인생의 진리, 회생, 고통을 의미하는
Verities(진리)라는 글을

4

진리는 비평을 두려워하지 않고
과학은 진리다
과학은 비평을 두려워하지 않는다.

마음 잘 먹으면 북두칠성도 굽어보신다고

역사는 지혜롭게 혜안을 키우고
삶은 슬기롭게 북돋우고
수학은 꼼꼼하게 정착시키고
지식은 침착하게 도량을 넓히며
윤리학은 삶을 진중하게 도덕을 성숙시키는 밑거름이고
논리학과 수사학은 사람의 언변술을 키워준다.
베이컨Francis Bacon의
'배움이 성향을 바꿀 수 있다'는 주장에 찬성하고

5
겸허와 사랑의 의미를 함축한 '비타'라는 글자
인생은 사랑 그 자체이며
사랑이 없는 인생은 불가능하기에
파사드 위에는 <최후의 만찬>을
그 위에는 <겟세마네 동산의 기도>를 조각할 뜻을

"기쁨이 있는 곳에 보물이 있고 보물이 있는 곳에
마음이 있으며 마음이 있는 곳에 행복이 있다"는
어거스턴의 글의 향기는
지금도 싫지 않듯이
『성경』에서의 절정을 맞이하는 느낌을 지울 수 없다.

회랑 내부에는 영광으로 돌아가기 위한

구원의 <주 예수 그리스도>의 재림을 기다리는
순수한 영혼을 표현할 성서의 줄거리를 따라
문양, 베리타스, 비타 등의 문자를 배열하여
회랑내부 가는 곳마다 살아 있는
『성경전서』를 한 눈에 읽고 보고
감상할 수 있는 화려하면서도 위엄 있는
성스러운 천국이 아닌가!

6

인간들의 최고 이상인 신의 광명은
파스드에서 성 삼위일체
성가족 노동을 하는 사람들의 덕과 노동, 신앙, 희망, 사랑의
모든 가르침을 표현할
사후세계 영혼들의 모습이 어둔 밤의 등불이요

『요한계시록』에 그려진 장면들
중앙 부분에 인류의 조상인 아담과 이브를
목수일하는 소년 예수와 성 요셉을 성가족의
인간적인 노동의 추억과
신의 영광이 그려질 천사들로 둘러싼 수난의 상징으로
동반한 <주 예수의 상>
'영혼을 심판하는 신'을 표현할 것이고

7

포르치코 돔에는

산상수훈과 창세기에 기초한
세계창조를 형상화 한 내용이 사랑의 상징으로서
예수가 생활하던 '나사렛의 성스러운 집'을
한편에는 '노아의 방주'를
또 한편에는 '언약의 궤'를

그리스도 위에 천사들이 있고
그 위 우주를 지배하는 하나님의 자리에는
날개로 둥근 원을 그리는 천사들이 수직으로 하강하는
성 삼위일체 모습을 보좌하는 것으로
창조주를 향해 하늘과 땅을 칭송하는
'글로리아' 영광이라는 글씨가 돋보인다.

8

조화는 예술작품의 본질이어서
분석가는 분석을 한 뒤에 종합을 하지 않는 것으로
그들의 모든 관계를 끊을 때마다
발견해 내는 것은 어떠한 적응력도 갖지 못하고
관계 속에서는 열매를 맺게 되지만
분리시키면 아무런 성과도 얻지 못한다는
빈틈없는 창의력에 기초를 두면서

신앙생활에 적합하고
의식규범에 충실한 환경을 만들어 넓은 제단이 설치돼
<그리스도 책형 상>을

예수의 말씀을 상징하는 포도나무가 자라서
“나는 포도나무가 되고, 너희들은 포도 열매가 되리라”
너희가 나와 하나가 되고자 한다면 열매를 맺어야 할 것이다
포도나무는 닫집의
<성모마리아의 탑> 내부 돔에는 하나님의 말씀으로
50개의 램프가 설치한 조명대로 밝히는 구세주 말씀으로
“나는 세상에 빛이 되리니”

9

돔 전체에 펼쳐진
하나님 망토에서 지혜의 천사 <케르빔 상>이 나타나고
인간의 영혼을 표현하는 조명기구가 장식되어
돔의 하나님과 제단의 예수 사이에는
『사도신경』에 나오는 성 삼위일체 상징을 표현하여

천국의 현실에서
빛의 중요성을 이용하고
환상적인 거대한 공간을
빛의 밝기, 환기 목적에 부합하는 적당한
비잔틴 양식으로 끌어내어
태양의 빛
간접조명이 엄숙하면서도
조용한 공간에 배치한 조각상은
『성경』 예수 그리스도 일생을 쉽게 이해할 수 있는 지혜가
안토니 가우디는 성령의 계시를 받은 것인가

나 지금 『성서』의 어디쯤인가!
자연계는 시간과 더불어 늙고 마모되지만
영계는 시간의 영향을 받지 않고
모든 실체는 늙지도 마모되지도 않는 영원한 실체다. 라는
『천상의 증언』에서 천재과학자
임마누엘 스베덴보리Emanuel Swedenborg(1688~1772)는
톨스토이, 도스토예프스키와 같은 거인들이 감화 받았고
괴테 시인, 미국의 랄프 왈도 에머슨Ralph Waldo Emerson 등
대철학자들의 유신론有神論 철학을 굳히는데 동의를

10

중앙 탑 조명대는 천상의 예루살렘을 상징으로
탄생의 문 내부에는 마리아 남편의 덕과 노동을 상징하는
천사에 둘러싸인 <성 요셉 상>을 뫼시고
처녀성과 가정의 사랑을 상징하는
천사들에게 둘러싸인 <성모 마리아상>이 놓여
예배당에는 성 요셉의 일곱 가지 고통과 기쁨이 표현되었다.

네 개의 탑은
네 명의 『복음서』를 기록한 상징으로서 빛나고
회랑의 원기둥은
천국에서 내려온 종려나무와 왕관을 든 천사들과
성스러운 영혼을 가진 천사들로 감싸게 하고
색유리창과 건축물은 완벽하고 화려한 조화를

가톨릭 교리에 따른
『복음서』와 『사도언행록』을 포함한 다수의 말씀들도
명문으로 만들어져 장식되어 있다.

11

시대와 조화되는 진실의 상징으로
예술작품을 건축에는 배치, 크기, 색체, 형태의 4개 요소
정문에는 4개의 탑이 설치되고,
삼면에서 12도사를
네 명의 <복음기록인> 들을 표현하는 네 개 탑을 세워
중간 정도 높이로
성모 마리아에게 바치는 탑이
예수 그리스도에게 바쳐질 중앙 탑의 정상에는 십자가는
설치미술의 홍일점인가
『성서』가 가르쳐 준 복음의 「사도언행」인가

파사드는 예수의 승리를 의미하는
「예루살렘 성」에서부터 책형을 받는 모습의 상까지
'그리스도의 수난'에 관한 얘기가 전개되고
책형군상은 중앙입구 가운데
구원의 주 <예수 그리스도>의 두 상에
예수가 인생의 진리, 회생, 고통을 의미하는
세계 창조를 형상화한
'베리타스'라는 글자가 새겨졌다.

12

자유로운 사고는 자유가 아닌 진실의 노예이다.
자유는 사고에 속하는 것이 아니라 의욕에 속한다.
비잔틴양식과 고딕양식을 완벽하게 표현하고 있는
빛과 그림자
베스트셀러 『성경』은 여기서 빛을
성직자 뒤에는 회랑과 트리포리움에는 일천 명의 합창단을
위의 장소에 마련되고
기초 부분에 하중을 정확히 실을 수 있는 포물선 아치 방법은
경쾌함을 얻을 수 있게 하여

도상과 상징의 가르침을 고전과 오늘에서 찾아
기독교의 전례가 제공하는 장엄함과
화려함으로 장식한 도상학과 풍부한 색채를 받아들이고
늘씬한 모양의 채광을 위한 방법으로 하여
"음악이란 말로는 표현할 수 없는
그렇다고 침묵할 수도 없는 것을 표현하는 것이다."라고
빅토르 위고의 글에서처럼
표현할 수 없는 것이 종교음악의 가치이고
『성경』의 진리, 사랑의 언어가 담겨져
마음의 평안을 불러 온다.

13

창세기부터

문자 이전 소리로서 의사표현을 하고
의사전달 소통하고 발전한 것이
언어보다 오히려
소리를 통하여 영원히 전수되고 있으나
청각은 시각만큼 완전하지 않다
딱히 시간을 필요로 하기 때문이다.

공간예술은 시각예술보다 우월하다
청각은 신앙의 감각이고
시각은 빛 공간 조형의 감각으로
무한하게 존재하는 것과
존재하지 않는 것을 모두 볼 수 있다.

연주단 45m 정도의 높이에서
유리창을 통해 들어오는
빛이 조합되어 넘쳐흐르는 영광된 빛
교회안의 색채를 밝게 비춰줘 빛의 조명공간에서
성가음악은 고명이라
바로 환상적인 우리의 바람이고
곧 천국의 길

온음 반음을 전부 써서 여러 옥타브로 조율된 것을
두드려서 소리를 내도록 만들고
트럼펫이나 파이프오르간 같이 공기의
소리가 나는 종도 만들었다는 설명

14

타오르는 불꽃은 정화작용을 상징하면서
에덴동산에서 흐르던
네 개의 강물줄기가 높이 분출되어 영원히 흘러내리는
인간의 종교 감정을 표현과 연결시킬 수 있게 만들고

구엘 공원의 공학적 설계기초를
<바티칸성당>에서 영감을 얻어
<사그라다 파밀리아 교회>는 문화유산으로
지구의 종말이 오지 않는 한 영원하리라

둥근 천정이 설치된
중앙에 그려진 후안 프로타츠의 수태고지는
보는 이의 마음을 뺏어
빛과 어우러진 황홀함에 찬사는 인색할 수 없으며
파사드의 내부는 거의 큐비즘으로 볼 수 있는
기하학, 대수학을 활용하고
해석기하학이 만든 것에 가까운 장식은
'곡선의 아버지' 데카르트의
'나는 생각 한다 고로 존재 한다' 는 말이 피어오른다.

15

상당한 고난도의 기술이 요구되고 작품으로 평가되는
가우디의 <사그라다 파밀리아 교회>

존재가치를 깨닫게 되면서
창세기부터 없어서는 안 될
생존의 조건
빛과 물을 이용하여 창출한 위대한 설치미술은
건축에 종교에 대한 자신의
꿈을 불멸의 신화로 만들 수 있으리라

1918년 7월 9일 위대한 후원자이며 친구인
에우세 비오 구엘 바시칼 루피가 구엘 공원 집에서 죽음으로
살아야 한다는 것은 보다 더 참담할 수 없을 만큼
비참한 요구이지만
모든 것을 상징하는 말이기도 한
그의 고독감은 절정에 치달았다.

그 즈음 타고르 R. Tagore 시인 철학자는
『기탄잘리Gitanjali』『생의 현실』『가비카니』등을
손병희 천도교 교주는『현세진경賢世眞經』
『천도태원론天道太元論』을 발표하였고 우리는 비밀리
독립운동추진위원회를 구성하여
1919년 일제로 부터 민족독립운동을 3월1일 기점으로
지금의 국가가 정착되어 번영의 역사는 오늘도 흐른다.

16

직접 설계 제작한 가로등은 시장공관 앞
파르시오 광장에 설치 뒤

꽃집, 공장, 경비실, 행진용 깃발, 각종 장식용으로까지 사용하면서
그 삶은
고독한 불꽃놀이처럼 불꽃이 터질 때는
눈부시고 아름답고 화려하지만
새하얗게 불탄 뒤에 고독과 회한만을 남긴다.

화려한 불꽃처럼 타오르기를 원하지만
불꽃은 타고 난 뒤에 처량함을 외면하려하는 것처럼
청춘의 열정을 만끽하면서도
젊음이 끝난 뒤에는 공허함을 마주하게 된다.

니콜로 파가니니Nicolò Paganini는 평생 고통에 허덕였지만
세상에 아름다운 선율을 선사했듯이
1883년부터 1926년까지
43년간 교회당 건설에 청춘을 다 바쳐
천천히 자신의 구상을
삶에서 득과 실에 대한, 정의 또는 구분은 명확하지 않고
득과 실의 의미가 순식간에 변하기 때문에
그는 살아가면서 온갖 이해득실을 경험하게 되었으리라

17

위대한 존 밀턴John van Milton 시인은 ≪실낙원≫을
두 눈의 시력을 모두 잃었을 때
로딩 베토벤Ludwig Beethoven은 교향곡1번 C장조 Op ′21 등
두 귀가 청력을 잃었을 때 주옥 같은 최고의 명작들을

이즈음
처음 황홀한 연애설이 있었고
가우디는 조합학교 여선생 모레우를 사랑했고
아름답고 로맨틱한 사랑은
고백이 늦어진 탓에 불발로
밀려오는 시간은 기회의 상실로 이어져
'미래는 주저하면서 다가오고 현재는 화살처럼 날아가고
과거의 꿈은 영원히 정지되어 있다'는
실러의 『군도群盜』에서처럼 자기관리에는 이미 늦었다.

집은 가족으로 구성된 작은 국가이다
가족은 국가와 마찬가지로 역사를 가지며
외부와 관계를 맺고
내부의 질서가 있으며
자기의 집을 가지고 독립하지 못하면
셋집살이도
자택이 모국이라면
셋집은 이민 간 나라처럼
자택은 가족없이 생각할 수 없다.

대장장이가 제대로 된 칼이 없듯이
명성과 달리 자택을 가정을 갖지 못하고
자기 생활은 희생이 따랐다.
즐거운 생각을 하면 삶도 즐거워지고

반대로 생각하면 삶도 초라해진다
데일 카네기Dale Carnegie는 '미래에 대한 자신의
굳은 믿음으로 삶은 항상 아름답다'는 신뢰의 표현이라고

18

이는 곧 카사비센스를 건축 공간으로 만들어

북쪽에는
'아 ! 한여름의 그늘이여'
동쪽에는
'오! 나의 태양이여 나를 맞으러 와 주오'
서쪽은
'난로의 불꽃이여, 사랑의 불꽃을 태워 주오'

"교육의 목적은 아름다움을 사랑하게 하는 데 있다"는
플라톤의 말은 종교사 문학에도 빛난다.
음악에 미술에 건축에도
가히 역사에서 보기 드문 아름다움을
유구무언으로 포장하면서 변명으로는 피할 수 없다고 할까!

19

<바티칸교황청>사제 라고네시에게
교회 건물에 관한 설명할 기회를 가졌고

빛, 공간, 색채, 환기, 안전
그리고 내구성은 석회가 굳어지는데 30년 걸린다는 사실을
종합예술 작품에 밀착 관리하고
건축대가로서 자리매김은 역사가 입증하고
지금도 많은 기술자들이 연구 검토하는 것은 사실이다.

20

불의의 사고로
사제들은 성체 세례를 받을 것인지를
물음에 고개를 끄떡이며
"전 재산을 <사그라다 파밀리아 교회>에 기부한다.
장례 행렬을 만들지 말 것을 유언으로"
"하늘에 계신 아버지시여"
그의 말은 가냘픈 신음 소리로
천천히 천국의 문으로 가고 있었다.

임종의 순간 고통은 사라지고
영체가 그 육식으로부터 이탈할 때 임종자의 눈앞에서
영적세계가 보이며 곧 황홀감을 느낀다.
애시 당초 인간은 영원불멸의 존재로 창조되었고
인간에게는 죽음이란 없다.
다만 지상에서 영계로 이주하는 과정이 있을 뿐이다.

죽은 자를 위한 기도가 울려 퍼지고
마스누이스 데 비크 트리아의 ≪레퀴엠≫이 흐르고

죽은 자의 영혼을 달래고 위로하라
죽음은 두렵지 않고 슬픈 것이 아니다.
오히려 죽음이 행복의 구원이며
천상에 올라가 영원한 길로 가는 것이다.

21

레우스 출신의 천재 예술가
안토니 가우디 이 코르네트Antoni Gunudi Cornet
모범적이고 경이로운 삶
향년 74세 1926년 6월 10일 바르셀로나에서 생은 평화에서
거룩한 부활을 기다리면서 '사랑합니다.' 라고
인류문화유산으로 진행 중이고
종합예술의 대표작을 남긴 인물이 원하는 일을
세계사, 종교사, 건축가로, 영원히 기억될 걸작으로
<사그라다 파밀리아 교회>는
관광객 종교인들은 오늘도 줄을 잇는다.

사랑합니다. 존경합니다. 그리고 잊지 않을 것입니다.

Sanctus. Sanctus. Sanctus.

주 : 교회 현장에서 가이드 설명과, 『가우디 공간의 환상』 안토니 가우디 저, 옮긴이 이종석 번역가 『천상의 증언』 임마뉴엘 스텐보리 Emanuel Swedenborg 의 저서, 도록 등을 참고하였습니다.

지은이

3장

📖 프랑스 혁명과 나폴레옹은

◇ 프랑스혁명과 나폴레옹은

나폴레옹 황제 대관식 (쟉 루이드 다비드 작). 촬영 : 지은이

◇ 프랑스혁명과 나폴레옹은

-60만 명 중 수만 명만 살아남아

대 혁명이후 권력 잡은 나폴레옹
'대륙봉쇄령' 어긴 러시아에 전쟁선포
전염병으로 어렵사리 모스크바 도착했지만
맹추위와 화재에 대비 못해 참패

날씨로 승자와 패자가 뒤 바뀌는 일
러시아를 무릎 꿇리려던
나폴레옹은 꿈이 자연의 위력 앞에서 무릎 꿇고

17세기 프랑스 왕 루이14세는
스스로 '태양왕'이라 부르며
화려한 <베르사이유 궁전>을 짓고 힘을 과시하던 때는
문틈으로 보는 백마가 지나가듯이
루이14세가 죽자
목숨은 기러기 털보다 가벼운 것을

1774년 왕위에 오른 루이16세는 사치를 일삼고
영국 견제를 위하여
미국독립전쟁(1775~1783)을 지원하다가
나라 재정파탄으로 몰고 가고
고운일 해야 고운밥 먹는다고

같은 때 실학자 박지원은 『열하일기熱河日記』가
정약종 천주교주의 『성교전서聖教全書』를
정약용 성리학자 『목민심서牧民心書』등을 발표하고
이조시대의 <규장각奎章閣>도 설치되었다
낭만시인으로 알려진 워즈 워드의 『서정시집』을
추사 김정희 『완당집阮堂集』을 남긴 이 시대의 인물이고
이어서
The London Times가 1785년 창간된 시간이었다.

1789년 루이16세는 국고를 채워 보겠다고
삼부회三部會 귀족 성직자 평민대표들을 모아
세금을 더 거두려다 불만 있는 평민 대표들이
헌법제정 요구 독자적 삼부회를 결성
루이16세가 이를 해산시키려 하자

한 조직을 원만하게 다스린다는 것은
한 나라를 통제하는 것보다 어려운 일이라고
파리 시민들이 무기고를 습격하여
총과 대포로 무장한 뒤
전제정치(지배자가 국가 권력을 장악하고
아무 제한 없이 권력을 마음대로 휘두르는 체제)를
상징하는 바스티유의 감옥을 습격으로
인과응보는 우리 집 강아지가 즐겨하는 행동

프랑스 대혁명으로
시민들은 자유 평등 박애를 외치며
과거 체제의 교회와 귀족의 자산을 몰수했고
영주의 성을 습격해 토지문서를 불태우고
혁명은 루이16세 처형에 까지
'날 받아 놓고 죽는 사람 없다'는 한 참 거짓말

언젠가는 루이16세처럼 될 수 있다는
위기감을 느끼고 동맹을 맺고 전쟁을 치러
일부귀족의 혁명을 뒤집기 위한 반란은
아침에 피었다 저녁에 시드는 게 버섯 이었던가!

이때 귀족을 진압하고
외국과 전쟁에서 잇따라 승리한
나폴레옹 보나파르트(1769~1821)는 혼란을 틈타
권력을 장악 국민들은 그를 지지 혁명 이후
수많은 전쟁을 승리로
역사가 영웅을 낳는지 영웅이 역사를 창출하는지는
새 집지은 뒤 삼년을 마음 못 놓는다고

프랑스의 자존심을 세우고
혁명정신을 반영한 『나폴레옹 법전』을 편찬
1804년 국민투표로 프랑스 황제로 등극
왕정을 무너트린 국민의 역사를
거꾸로 돌리는(황제가 통치하는 체제)로

문자는 철조망보다 구속력이 강하니까 !

나폴레옹은 신성로마제국 러시아동맹군을 파괴하고
1806년 베를린에 입성해
전 유럽에 「베를린 칙령」을 선포하고
"유럽 어느 나라도 영국과 물건을 사고팔아서는 안 된다"는
'대륙봉쇄령'은 영국을 경제적으로 고립시켜
투망으로 가두어 묶어 두었는데

러시아가 다시 영국과 무역을 하겠다고 선언하여
러시아를 떠나기로 결심 1812년 6월
나폴레옹은 지적으로 우둔한 바보 같은 거위로 생각했는지
도벽 있는 도적까치로 보았는지
전투병 45만 명과 지원병 15만 명으로 구성
60만 대군을 이끌고 모스코바로 가는 길

잦은 비로 전염병으로
전투병력45만 명 중 23만 명밖에 남지 않고
말들은 전염병에 걸려 죽고
같은 해 9월 모스코바에 도착했지만
텅 빈 교회는 불타고 주변시설마저 태워
수많은 병력회생에다 국력만 낭비하고
대어가 빠져나갔으니 잡으려다가 되레 걸려들어
'때를 잃으면 복령茯苓도 말라 죽는다'는데
『한서漢書』의 문자도 준비 없이 서둘다가

모스코바에 5주 동안 머물며 황제의 항복을 요구하다가
프랑스군은 식량이 부족하고
러시아가 항복하지 않자
결국 철수명령을 내리고 퇴각하는 것을

‘자칭천자’ 라고
흥!
러시아 기병대의 추격이 시작
프랑스군은 필사적으로 후퇴했지만
기병대의 거침없는 공격과
오랜 굶주림 혹한 속에서 수없이 죽어 나갔고
12월 6일부터 4일간은 영하 38도까지 내려가
군사 4만 명이 죽어
결국 60만 병력 중 55만여 명이 죽었다고
유비무환有備無患을 챙기지 않고 헛방을
잘 나갈 때 조심하지요

국내에선 홍경래 난洪景來亂이 있었고
작곡가 쇼팽Chopin의 ≪피아노의 시인≫ ≪포르네이즈≫ 등을
발표한 시점이다.
나폴레옹은
세계대전 역사상 보기 드문 대 참패 이후
유럽 전역 프랑스 점령지역에서
동물들도 자기가 이롭다고 생각되면

동종을 죽이기까지 하듯이
나폴레옹에 저항하는 움직임이 본격화 되었고
숫돌이 제 닳는 줄 모르듯이 제국의 힘도 쇠퇴하여

원정 실패 이듬해
1813년 유럽 연합군에 패배해
황제자리에서 쫓겨나
대서양의 엘바섬에 유배당하였으나
탈출에 성공하여
프랑스로 돌아가 다시 황제자리에 올랐으니
멱부리 암탉인가!

나폴레옹은
벨기에 남동부지역 워털루전투(1815)에서
영국과 프로이센 등 연합군에 참패를 당하면서
대서양 한가운데 있는 세인트헬레나 섬에
또다시 유배당했고 1821년에 생은 노을빛으로 저물어갔다

그 즈음 방랑시인 김병연 笠 은
조선의 전국을 다니면서 수많은 글(일화)이 있었으니
저마다 삶의 격세지감을 뭐라고!
영원이란 단어는 사전에서 지워야 할
'하늘은 권력을 전유물로 주지 않는다'는 것을 기억하면서.

4장

우리끼리 얘기들

◇ <노트르담 사원Cathedraled Notre Dome>은

◇ 그때 왕자들에게 무슨 일이 있었나

정면에서 본 노트르담 대성당. 촬영 : 지은이

◇ <노트르담 사원Cathedraled Notre Dome>은

원래 고대 로마인들이 제사하던 장소를 4세기 접어들어
가톨릭이 국교에서 성당으로
프랑스의 중세·근현대사 856년간의 각인된
산 기록이자 문화의 정체성을 가진

<노트르담사원>을 도로의 측정 기준점이 되는
광장바닥의 Point Zero 표석에서 한 눈에 굽어볼 수 있고
웅장하고 아름다운 거룩하고 위엄 있는 창작물

19세기에 추가된 96m 높이의 첨탑은 고딕의 특징인
아치와 둥근 210 Ton의 외부 납판 지붕을 만들기 위해
8백 년 이상 된 참나무를 갈비뼈처럼
촘촘히 박아 넣어 '숲forest'로 불린 내부 구조물

남, 북, 서쪽에 있는 지름 10~13m의 원형 스테인드글라스
장미창Rose Window는 햇빛을 받으면
성당 내부에 색색의 빛을 가져다주는 노트르담의
종교적 장엄한 아름다움을 극대화 한다는
유리패널 속에는 12사도 그리스도의 부활 등
이야기가 담기었다는 해설 가톨릭 최대 걸작 중의 하나

루이 7세는 1163년 개축공사를 내부와 남 탑, 북 탑,

서쪽 정면을 완성하는 데 5백년을

높은 종탑은 빅토르위고의 1831년 작『파리의 노트르담』속의
꼽추 종지기 과지모도가 지내던 곳이고
남 탑 '에마뉘엘' 13ton의 종은 2차 대전 종전을 알린 것으로
서쪽광장은 ≪노트르담 꼽추≫와 ≪비 포 선 셋≫ ≪미드나이트 인 파리≫ 등
유명한 뮤지컬, 영화의 배경이 된 명소다.

대성당 외벽 '가고일'과 형상 석조장식들은
18세기 공사 때 건축가 외젠 비올레르뒤크가
빗물을 빼내는 장치를 덧붙이면서 '나쁜 기운을 뽑아낸다.'며
그리스 신화의 반인반수 괴물 키메라를 형상화 한 것인데
자신이 싫어하는 추기경 사제들 얼굴을 몰래 새겨 넣었다는 설명이다.

1238년 예루살렘에서 가져와 실제 예수그리스도가 썼다는
가시면류관의 가시를 크리스털에 키워 넣은 <가시면류관>은
프랑스 왕으로 유일하게 가톨릭 성인이 된
루이 9세가 13세기 십자군 원정에 나서
순교할 때 입었던 성 루이의 튜닉(상의)등

14세기 <피에타 상>을 비롯한 <성모마리아 상>
15세기의 8천개의 파이프로 만든 파이프 오르간,
예수가 못 박혔던 십자가True Cross 파편과 못Holy nail
대성당 중심의 예수 상 등을 볼 수 있다.

에펠탑은 파리의 상징으로 보지만
<노트르담 대성당>은 프랑스의 유산으로
루이14세 때 1682년 궁전으로 거듭난 <베르사유궁전>
1626년 <성 베드로성당> 보다 역사적인 연원은 깊다.

노트르Notre는 불어로 '우리의' 담Dame은 '귀부인'을 뜻 한다.
노트르담은 '우리의 귀부인 성모 마리아'를 의미한다.
1163년 파리 교구장이던 모리스 드 실리 주교가 소규모 성당을 허물고
그 자리에 대성당건설을 시작한 것이 1345년에 완공하였다

백년전쟁(프랑스 영국1337~1453)에서
신· 구교도가 피 흘린 위그노 전쟁(1562~1598)을
프랑스 대혁명, 나폴레옹 전쟁 등을 거치며 수많은 파괴시도
양차 세계대전의 무수한 포격과 폭격도 무사히 넘겼다.

파리를 뺏은 영국의 헨리 8세는
1431년 프랑스 왕으로 즉위하는 대관식을
프랑스의 구국 영웅 잔 다르크는
그해 종교재판에서 마녀로 몰려 화형 당하고

프랑스는 영국군을 몰아 낸 뒤
1456년 잔 다르크 명예회복 심판의 장소로서
성당 안에는 <잔 다르크 성상>이 있고
나폴레옹 보나파르트(1804년) 황제의 대관식을
드골장군 장례식이 치러진 역사의 무대이다.

1330년경 예배당과 오부 등을 완성
내부 길이 130m. 너비 48m. 높이 35m로서
수용인원 9천여 명의 규모는 매우 화려하고 아름답다.

노트르담은 1831년 출간된 빅토르 위고의 소설
『파리의 노트르담』은 '성당의 모든 부분, 돌 하나하나는
나라의 역사뿐만 아니라 과학과 예술을 담고 있다' 고 썼다.

권력의 믿음 의지는 태양은 내일도
동쪽에서 떠오를 것을 믿음처럼
예술의 혼인가! 신앙심의 결지에 더한
예지의 창출인가
170년 만에 완성한 인류의 문화유산이
오늘에 2019년 오후7시53분(현지시간)
불타는 사원을 보고

'우리의 귀부인 성모 마리아' 유럽
가톨릭 중심의 위기를 맞았다.
파리가 망가졌다,
프랑스가 월요일에 잃은 것은 혼의
일부라 해도 과언이 아니다
850년의 역사와 건축, 그림과 조각이
화재로 파괴됐다.
세계는 노트르담을 위해서 운다.

세계 언론사들의 애도와, 바티칸 프란치스코 교황은
충격을 받은 프랑스 가톨릭신자들과 파리 시민을 위한 기도를

필자는 '에펠탑이 파리의 도시라면
<노트르담 대성당>은 프랑스가 지닌 세계인류문화유산이다'. 라고

◇ 그때 왕자들에게 무슨 일이 있었나

연주대 관악산에서. 2015.2.25

◇ 그때 왕자들에게 무슨 일이 있었나

관악산 <연주대>에서
왕위를 동생에게 물려준
양녕대군 효령대군의 이야기는

미담인가
비장한 권력 투쟁인가
<연주대戀主臺>는 태종 이방원의 두 아들
양녕대군 효령대군이 올랐던 절벽
주군을 그리워하던 바위

동생 충녕대군에게 왕위를 물려주고
두 형이 올라 한양도성을 바라보았던 곳

칼을 묶어서 세운 것 같은 절벽 위에
의상대사義湘大師가 암자를 세운
<연주대>를 바라보면서 물어 본다.
양녕대군 효령대군은
정말 너그러이 권력을 양보하였는가?

1418년 6월 3일 어전회의에서 왕이 말했다
“백관百官의 솟장을 내가 읽어보니 몸이 송년竦然하여
천명이 이미 떠나가 버린 것이므로 이를 따라”

태종은 이 말과 함께
세자 이제李禔를 폐하여 광주로 추방하고
충녕대군을 왕세자로
역사의 운명을
『태종실록』에는 1418년 6월 13일이라고

왕세자가 전격 교체되고 두 달 뒤 8월 11일
충녕대군이 왕위에 오르니
그가 세종대왕 전광석화 같았다.
오늘 한글이라는 과학적인 문자가 반짝이듯이
기념비적인 한글 창제의 시발점인 동시에
세 왕자에게는 날벼락이 떨어지는 날

태종은 제禔를 강봉해 양녕대군을 삼았고
평온하게 세자를 물려준 왕자라는 뜻
과연 평온하였는가?
어리於里는 마음을 미혹하는 괴물이니
법대로 처치하여 자손만세 경계를 보이소서
태종18년 6월 4일

실록은 왕세자 제禔의 퇴출 원인으로
어리라는 여자를 지적 양녕대군의 세자시절 소실로

어리의 아름다움을 오래전부터 소문을 듣고
친히 그 집에 가서 나오라 하니

마지못해 나왔는데
머리에는 녹두분이 묻고 세수도 하지 아니했으나
한 번 봐도 미인임을 알 수 있어
양녕대군은 타고 온 말에 태우고 그는 걸었다.

그날 밤 광통교 가에 있는 오두막집에서 자고
이튿날 어리는 머리를 감고 연지와 분을 바르고
해저물녘에 말을 타고 뒤를 따라
함께 궁으로 들어오는데
어렴풋이 비취는 달빛아래 그 얼굴을 바라보니
참을 수 없이 아름다웠으며
현대 하이틴 로맨스 소설을 보는 듯하다.

전 중추中樞 곽선이라는 자의 소실 유부녀를
양녕대군은
그 미모에 홀려 궁으로 끌어 들였다
이 사실이 아버지 귀에 들어가
궁에서 쫓겨났고 양녕대군은 혼쫄이 났다.
그 후 1년 뒤
양녕대군의 집에 유모가 들락거리는 장면을 목격
어리 사건 때 유모를 딸려준 사람은
양녕대군의 장인 김한로였다
세월을 비켜가는 줄기세포인가
현명하고 착한 사위 사랑은 오늘도 귀감이라

공부는 어릴 때부터 문제였고
여색은 성장 이후 취미였으니
딱하다.
저 아이여!
내가 말하여도 캄캄히 알지 못하니
슬프다.
언제나 이치를 알 것인가
태종3년 9월 22일

책을 읽어도 외우지 못하고
태종은 차마 아들을 때리지 못하니
시중드는 내시의 볼기를 때렸다.
내시는 이게 나의 죄인가
촛불을 들고 나와야지 노조勞組도 없었나
번역하면 폭정인가
세자에게 대들기까지 한 열한 살 때의 일이다.
반정인가 내란인가 혁명의 씨앗인가!
태종5년 10월 21일

세자를 폐하고 벌하라는 상소가 장마처럼
자식 못이기는 아비
태종이 마침내 어리 사건에 인내심을 놓아 버린 것이다.

밤이 깊도록
세자가 기생 초궁장을 끼고 술을 마시다가

공주에게 이르기를 충녕대군은 보통사람이 아니다.

충녕비상인야忠寧非常人也

정치는 좋은 말로 포장하고 배후에서 작동하지

태종14년 10월 26일

실록에 보이는 몇 가지 언행과

어리를 데려다가 딸까지 낳은 것

태종18년 3월 6일

태종이 불같이 화를 내자

양녕대군이 상소를 올려

전하의 시녀는 다 궁중에 들이는데

어리를 쫓아내시면 득보다 실이 많을 것입니다.

(전하 시녀진인궁중금지 일첩 소실 다이소득소)

殿下 侍女盡人宮中禁止 一妾 所失 多而所得少

태종18년 5월 30일

태종은 모두 나를 욕하는 것

批言 階辱子

수신제가치국평천하는 남의 일

언제나 주변에서 문제라 어른은 장독을 깨도...

사흘 뒤 왕세자가 교체되어

광주로 쫓겨난 양녕대군은 반 년 뒤

담장을 넘어 야반도주했다.

태종은 양녕대군에게 현상수배를 내리고
양녕대군의 허물을 모두
어리에게 돌리니 어리는 근심스럽고 분함을
이기지 못하여 목을 매 죽었다
이때는 Me Too 운동을
이판사판 어전御前에 오줌이라도
세종 1년 1월 31일(영락 18년)

열여섯 살의 봉지련鳳池蓮을 시작으로
소앵 초궁장楚宮粧 같은 기생과 놀아난 세자
방미선이라는 자의 손녀가 예쁘다는 말에
이불보를 짊어지고 그 집에 가서 하룻밤을 자기도
봉지련을 하옥시키자

영어囹圄의 몸이 된 봉지련의 마음은
과분한 사랑의 풍요에서
인권도 인격도 유린된 국선변호인이란 단어도 없는
세상에서 죄가 있다면
축하는 못 받을망정 본인의 의사와 관계없는 일

임이시여
옥중에서 생각은 지난 날
저에게 하신 말씀 몇 번씩 고집을 부렸던
그 말씀에 무척 행복하기도 했습니다만
눈물을 흐리면서

오늘에 문득 이 허무한 마음 뒤로하고
소리 없이 가는 길을 열어주시고 용서하세요.

만약 이곳을 떠나지 못한다면
제 마음은 어떻게 자리 잡을지 알 수는 없고
떠나지 못한다는 건 저 마음을 억제하기 힘들기 때문에
철없는 사람의 부탁이지만
그냥 머물지 않도록 도와주시기 바랍니다.

혹시 믿어주실 지는 모르겠습니다.
오두막집에서 함께 있다가 몸을 빼면서
그 황홀경에 대해 무엇을 생각하며
욕을 해댄 제가 스스로도 황당무계 하다고 느끼고
얼마나 죄송스럽게 여기고 있는지를…
부디 저를 잊어주시고 주군을 도와
태평세월에 이어 백성의 안위를 지켜주소서.
삼가 鳳 池 蓮 올림.

그이만의 고뇌스럽고 철없는 동거를 청산하고 나와서 거기에 무애의 상명한 숲을 보았으며 가슴이 터지는 감격의 소용돌이를 경험했다고 들려주고 싶을 것이다.

힘의 깨달음 새로운 영감이 불출함으로서 만감의 눈물을 흘리면서 술회하고 인격은커녕 겁박하여 회생시키는 권력을 벗어나 결 부드러운 계곡의 품에 안겨 그간의 심신의 상처를 고쳐지리라 믿고 행복한 꿈을 이룰 것이다.

양녕대군은 단식투쟁 끝에 그녀를 석방시키고
비단까지 선물로 받아 내고
자식한테는 권력도 무소도취誣訴陶醉인가.

초궁장은 큰아버지 정종의 소실이고
양녕대군이라는 군호에 사람들은
그가 동생 충녕대군의 인품을 보고 미친 척을 하고
세자 위를 내놓았다고 말 한 세자가 노하였으나
애써 충녕대군의 말을 따랐다.
잘못되면 목숨까지 내 놓을 수도
국가를 위한 명분이 서면 목숨 바치는 거야
이후 세자는 충녕대군을 매우 꺼렸다.
태종16년 3월 20일

충녕대군의 충고에 대한 반응뿐만 아니다
어리 사건으로 정신이 없던 양녕대군이 길에서
충녕대군을 만나자 세자가 화를 내며
"어리의 일을 반드시 네가 아뢰었을 것이다"하니
충녕대군이 대답하지 아니하였다.
아하! 아하!
태종18년 5월 11일

세종이 왕위에 오른 뒤는 어떻게 하였는가,
쫓겨난 광주에서 남의 소실을 내노라 행패부리고

세종1년 영락18년

남의 논을 빼앗고
세종2년

백성을 동원해 집을 짓고
술을 먹여 죽게 한 뒤
나를 벌하면 나와 전하 사이가 소원해질 것이라 협박하고
세종4년

중국 사신 접대를 무시하고 창녀와 놀고
아버지 태종이 죽고
20일 만에 논에 가서 노래를 부르고
세종5년

인명피해를 이유로 금지된 집단
폭군으로 변하여
돌싸움을 아이들과 함께 진두지휘했다.
세종 20년

『목민심서牧民心書』에 따르면
형전 6조刑典六條 금폭禁暴에 해당하는 범죄이고
백성들의 각종 피해 제거에 정면 배치되는 행위는
예나 오늘이나 중형重刑처벌 받아야 할 일

세종 24년8월 『고려사』를 편찬 25년 12월 훈민정음을 창제하고
27년 4월 유명한 『용비어천가』가 탄생하고
28년 9월 한글 『훈민정음』을 반포하고
29년 7월에 『월인천강지곡』 『석보상절』을 편찬하였다.

가갸날이 제정된 것은 1926년 11월 4일은 음력 9월 29일이고
1928년에 한글날로
그 후 1940년 <훈민정음 해례본>에 따라
음력 9월 10일(9월 상한)을 양력 10월 9일이라는 근거로,
1946년부터 10월 9일이 오늘의 한글날이다.

세종(1450)이 승하
문종에 이어 단종이 즉위 조카 손주다
그 즈음 자기 조카인 양녕대군과 수양대군이 절친하게 되었다
수양대군은 천명天命이 있는 사람이다.
기회를 노리면서
단종 즉위 윤9월 27일

열흘 뒤
양녕대군의 집에서 술 파티가 벌어졌는데
모두 쓰러지고 수양대군만 멀쩡해서
양녕대군이 아부하는 말, 천하의 호걸豪傑이라고
요즘 정치는 여기서 배웠나!
세종은 <측우기測雨器>를 창제하였고
김시습金時習이 『금오신화金鰲新話』를 완성할 즈음이다.

1453년 수양대군의 혁명이 성공한 '계유정난'을
양녕대군은 주요 국가행사에 빠짐없이 참석하여
운신의 폭을 넓히고
세조가 동생인 안평대군의 문제로 고민하자
"주저치 말고 목을 베라"고 종용했다
내 안위를 위하여, 목숨까지 빼앗으려 하니
살인교사 배후조정은 범죄의 주범 아닌가?
공소시효가 지난건가요!
단종1년 10월 13일

당대 제일의 서예가로 손꼽힌 안평대군 용瑢은
이립而立(30세를 말함)이 되기 앞서
작품을 중국의 유명한 학자 주자, 소옹 등의 시를
'개문즉시심산開門卽時深山
문을 닫으니 깊은 산이요
독서수처부사讀書隨處浮士
책 읽는 곳마다 정토세상이네'
인장의 문구에 평소 안평대군의 성향을 알 수 있듯이
≪안평대군행초서십폭평풍≫이 최근에 햇빛을

결국 반역도모죄목을 받아 강화도로 귀양을
그 뒤 교동도喬桐島 유배되어…
4년 뒤에도 양녕대군은
"속히 결정해 보류함이 없기를 바라고 있다"고 거듭 청한다.

서서히 혁명세력의 불길은 퍼지고
세조3년 1월 29일

조카 손자를 하루 빨리 죽이라는 재촉은
집요하게 그해 겨울까지
단종은 큰 할아버지 주청대로 되었다.

양녕대군의 처신이
"덕이 지극히 높은 평온한 권력이양"이라는
평가를 받은 것은 2백년 뒤인
1675년 양녕대군은
"왕위 스스로 양보한 지극한 덕이 있으니"

숙종1년 3월 26일
현재 서울 사당동에 있는 양녕대군의 사당도
사실과 달리하여 남을 수도
역사의 진실도 훼손되고 시류 따라 문자도 변하니
<지덕사至德祠> 덕이 지극하다는 뜻은?
과거사위 <망덕사望德寺>로 바꿔버리지요.
이건 뭐가 걸림돌인가요?

세종은 학문을 밝히고 영민한 왕자
권력에는 뜻이 없는 군자였다라고

그런데 이상한 기록이 보인다

금지된 사랑. 어리와 왕세자 양녕대군이 벌인 불륜을
태종이 어찌 알았을까?
저 아름답고 낭만적인 광통교 사랑이
어떻게 세상에 알려졌을까
『세종실록』에 세종1년 1월 30일 기사는 시작된다.

"세자가 일찍이 금상今上더러 이르기를"
금상은 지금 왕이니 세종이다
맏형이 동생에게 자랑스레 털어놓은
연애얘기를 한 자도 빠짐없이 아버지에게 전달된 것이다
진언이 사실은 것을 불구하고 그러니
형의 일을 좀 덜어 둘 일이지
어리 일을 고자질했다면
진언은 사실인 것을 불구하고 그러니
어리 일을 고자질했다며
자기를 다그치는 형에게 묵묵부답할 수밖에
『세종실록』 마지막 문장은 이렇다.

'임금(세종)은 이 사실을 상왕(태종)에게 아뢰었다,
왜 그랬을까
어릴 적 기록을 보니 짐작해 볼 구석이
작은 왕자가 또한 장長을 다투는 마음이 있다
예나 지금이나 권력의 꿈을 지우기는
세종의 등극은 국운이 인재를 불렀다는 사실은
태종9년 9월 4일(1409년)

왕자들의 교육을 담당한 김과金科가 한 말
작은 왕자는 충녕대군과 효령대군을 가리킨다.
훗날
태종의 채근에 김과는
'왕자들이 네 다섯 살 때 내가 그런 말을 분명히 했다'고 거듭 말했다.
땅에는 흔적이 남고 문헌에는 기록이 남는
미담이 괴담일 때가 있고 괴담도 미담일 때가 있다.
양녕대군 효령대군은 정녕코 권좌에 뜻이
충녕대군 당신도 야심이 없었는가!

하는 일이 배아 줄기세포와, 성체 줄기세포가 다른 것처럼
'권좌에 갈 인물은 하늘이 정하듯이'
이를 번역하면 줄기세포가 이미 결정된 것을.

5장

📖 개미들의 농업혁명

◇ 앞서가는 개미들의 농업혁명

우리도 이동 방법을 개미에게서 배웠나! 백두산 정상에서 촬영 : 지은이

◇ 앞서가는 개미들의 농업혁명

인류는 1만 2천 년 전부터
지금의 터키 요르단 이란에 걸친 지역
비옥한 반월 지대에서 농업을 시작하였고

개미들은 땅속에서 수천만 년 전부터
곰팡이에서 영양분을 얻는 농업을 발전시키면서

기후변화가 개미 곰팡이 공생을 불러
<스미스소니언 자연사 박물관>에 ≪왕립학회B≫에
삼천만 년 전, 개미와 곰팡이가
공생관계가 확립되는 농업혁명이 일어났다.

아마존 열대우림에 농부개미(잎꾼 개미)는
날카로운 턱으로 나뭇잎을 잘라
개미굴로 가져가 저장하면
뭉그적거리다가 곰팡이는 나뭇잎을 분해하며 자라고
개미는 곰팡이 단백질 지방, 탄소화물을 얻고

가내공장 설립의 시작으로
개미의 농업혁명은 인류보다
앞섰다는 놀라운 사실을 입증하고 있다.

테드 슐츠 박사 연구진은
농부개미 78종 일반개미 41종의 유전자를 분석하여
돌연변이를 역 추적한 결과
농부개미와 곰팡이는 3천만 년 전부터
서로에게 의존하게 된 것으로

개미군집은 늘어나면
새로운 여왕개미가 따로 군집을 꾸려 분가하여
농부개미는 야생에서 곰팡이를 구하여 독립을
주식배정 분할상장으로 새 살림으로

그 후
3천만 년 전 원래 키우던 곰팡이를 가져가
개미가 키우던 곰팡이와
야생곰팡이 사이 교배도 사라지고
곰팡이 품종개량이 완성 돼
야생종자와 완전히 분리된 것을

열심히 하는 과정에도
여왕개미는 알만 낳을 뿐 하는 일은 없고
정책입안 규율만 만들면
나머지는 일개미들이 한다
일개미도 2할은 놀고먹으면서
여가에 게임을 즐기거나 망둥부리들은
치안 안전을 책임으로

면내는 노조간부이거나 사회지도층인가보다.

곤충들도 자기가 이롭다고 생각되면 동종을
죽이기도 하고, 인간은 법이나 윤리 같은 나름의
장치를 마련하여 이기적인 유전자에게 지배당하지
않으려고 애쓰고 있을 뿐이다.

『다윈의 경제학』과는 『생태경영학』이고
공생하는 인간을 뜻하는 '호모실비우스'
생물의 협력하는 본성 등을
개미들은 경영에 접목시켰으며

그들의 1차 산업에서 인간보다
훨씬 먼저 사회를 이뤘고 개체 수나 서식지를 봐도
지구상에서 가장 번성했다는 사실을 무시할 수 없다.

국립생태원 『제인 구달Jane Goodel의 길』에는
「생명사랑」의 십계명이 있어
'경영 십계명'을 만들어 그 내용을 보면
'군림君臨하지 말고 군림群臨하라'
'결정은 신중하게' '행동은 신속하게'
네 번째 계명은 소통인데
그는 실제로 과묵해지기 위해
"어금니가 아플 정도로 이를 악물고 들었다"
마지막 계명은 '인사는 과학이다'

경영에는 무엇보다 사고의 공감이 요청되는

개미는 가는 길을 보라
멱찬 집의 출입구는 반드시 두 개다.
재앙에 안전을 바란다는 푸른 뜻이라고

최근 침팬지를 연구하는 프랑스 드발의 『공감시대』에는
인간만이 공감능력을 가진 게 아니라는 걸 밝혀
쥐도 동료의 신음을 사랑으로 도와주듯이
인간의 공감은 타고 났지만 살면서 무디어졌고
천재지변에 곤충 동물들의 움직임을 주시하는 이유를
주마간산走馬看山처럼 가볍게 봐 재앙을 부른다.

농업혁명의 발단은 기후변화에서
3천만 년 전 지구는 온도가 낮고 건조하여
개미는 굴속이 바상바상하면 물을 가져와 뿌리니
바더리보다 진보된 과학의 귀재들 행동이다
"곰팡이에게 개미굴은 온실과 같은 곳"이라며
개미 역시 곰팡이에 의존하면서
식량을 안정적으로 공급할 수 있게
자원곰팡이 물을 이용하는 기술을 가졌다.

꿀벌은 색깔을 볼 수 있으며
태양을 나침판 삼아 방향을 파악하고 꼬리춤을 추며
먹이가 있는 방향과 거리

먹이의 양과 품질까지도 알려 준다고 한다.

『네이처 커뮤니케이션』에 개미곰팡이 농사가
공룡이 멸망하던 6천5백만 년 전에 시작되었다고
소행성이 지구를 충돌하면서
지구에 많은 생물이 죽었다.
공룡도 이때 사라졌으니 종의 영생은 없나보다.

이때부터 개미는
곰팡이를 새로운 먹잇감으로 개발
초창기 농부개미는 다른 곤충을 잡아먹는
개미보다 영양분을 덜 섭취하였고
『사이언스』에 농부개미가 질소 박테리아를
곰팡이 농사에 비료를 쓴다고

콩과 식물의 뿌리에 공생하는 질소박테리아는
공기 중에서 질소를 뽑아낸다.
농부개미 몸에 박테리아를 키우는 숨겨진 구조가 있으며
곰팡이를 침입자에게서 보호하는 항생물질을 만들고
천년비료와 농약으로 생산량을 증대하여
정확한 빅딜에 합작투자로

개미 농업은 과일재배와 목축업으로 발전하여
『네이처 식물』저널에 태평양 피지섬에 사는
개미가 과일나무를 재배한다고

꼭두서닛 식물은 다른 나무줄기 틈새에 기생하는데

개미는 이식물의 씨앗을 물고가 나무껍질 사이에 넣고
다른 곤충이 오지 못하게 하여
때때로 배설물도 비료처럼 뿌리고
개미 배설물에는 곰팡이가 나뭇잎에
독소를 분해하도록 하는 효소가 섞여 있어
식물의 안전한
성장환경 변형은 과학적이고 진보적으로 조성하였다.

기생한 나무에서 과육이 자라면
개미는 그 안에 집을 지어 살았고
기생식물의 공생관계는
삼백만 년 전부터 시작되어
목축은 그보다 더 일찍 환경 따라 주거를 옮기면서

개미는 나뭇잎에 사는 진딧물을
무당벌레로부터 해개하고 보답으로
꽁무니에서 분비하는 꿀물을 받아먹으며
해매로 다 함께
같이 가는 합리적인 공생이 현실로

일부 개미는 진딧물과 비슷한
쥐똥나무벌레를 개미굴로 가져가 키워
개미는 분가를 하면서

일부 키우던 쥐똥나무벌레를 데려가
필요한 종을 키우고 번식을
관리하는 과학적인 영농경영의 귀재이다.

인간도 미래식량개발에 눈을 돌려
곤충 파충류를 먹을거리로
동남아시아 유럽등지에서는 일찍이
달팽이 굼뱅이 메뚜기 전갈 파충류를 미래식량으로
양식하고 식단에 오르고 즐겨먹는다.

미국 경찰들은 『법의 곤충학』을 수사에
대상곤충은 개미 파리 딱정벌레 나방 등을 활용하면서
사망시간뿐 아니라 사망 장소나
시신이 옮겨졌는지도 알 수 있다.

『법의 곤충학』은 영화나
드라마에서도 자주 등장하는 소재다
배우 수전 서랜던과 숀 팬에게
아카데미 여우주연상과
≪베를린 국제영화제≫ 남우주연상을 안겨줬던
영화 ≪데드 맨 워킹Dead Man Walking≫(1995)이 대표작을

고리한 혐의를 부인하던 용의자들은
파리 구더기의 나이로 사망시간을 추궁하는 경찰에
결국 범죄를 자백하고

1885년 파리의
한 주택개조 중 벽난로 뒤에서 유아 시신이 발견돼
경찰은 근처에서 찾아낸
나방과 유충을 통해 1848년께 사망했다고 추정했고
이를 기초로 범인체포에 성공한 것은 사실이다.

앙똥한 진실도 속일 수는 없다.
모르고 있을 따름이다.
의심이 가는 곳에 혐의가 있고
그 뒤에 범죄 사실이 잇따랐다는 것을
사필귀정事必歸正으로 충분하다.

1천5백~2천 만 년 전 송진에 갇힌 개미를 보면
쥐똥나무 벌레를 입에 물고 있는 모습을 볼 수 있다.

지하에서 공중에서 수중에서 지상에서
5천5백여 종의 군이 공존하는 지구별에서
인간처럼 인지기능을 가지고 있다는 것은
다만 기능의 차이뿐일 뿐
인지기능을 가진 종이 발생하지 않는다는 보장은 없다.
시간의 차이일 뿐이지 지구가 소멸되진 않는다면...
「개미 벌들의 공동작전을」남기고 이 章을 마무리 한다.

개미의 내비게이션 후각으로

지피에스 기나긴 더듬이는
땅굴을 쉽게 파는 비법은 뭔가

벌들의 툭 티어 나온 쌍안경
가볍게 방향전환 햇빛을 이용한
비행수단 거리 회전반경 이착륙을

그 험한 지역 기고 날아다니는
포복 비행기술은 신의 영역

연합군이 전투를 한다면
지상에는 개미 공중에는 벌들이 작전을
세상에 당할 자 있겠느냐

하늘엔 최신예 전투비행단 벌들이
지상에는 전차군단 개미들이 동맹을 맺는다면.

『아름다운 유성 볼거리 할 일도 많다』던
인간들은 지구촌을 떠나야 할 것이다.

참고 문헌

『세종실록』 1472 성종3년 간행 『세종장헌대왕실록』 1968국역본 발간

『세계사상대전집』 1978 발행인 채용식 대양서적 발간

『파리』(Paris의 모든 것) 1995 by Casa Editrice Bonechi.

조반나 마지 Giovanna maji 지음, 번역 작가 미상

『가우디 공간의 환상』 1876~1926 다빈치 출판 안토니 가우디가 「대를 이어 사는 집」

「레우스 박물관」 자필 초고를, 2001 번역 옮긴이 이종석

『희망의 이유』 원제 Reason for Hope 2003 발행처 궁리 제인구달 지음·박순영 옮김

『내 마음의 창II』 2005 세종출판사 조성순 지음

『국가론』 플라톤지음 2006 돋을새김 푸른책장 초판발행, 이환 편역

『천상의 증언』 2007 도서출판 청어 임마누엘 스베덴보리 지음 박보희 편역

『법의 곤충학』 2008 알마 Alma 간행. 마르크 베네케 Mark Benecke 지음 김희상 옮긴이 원제 Dem Tester auf der, so arbeitet die Modeme Kriminalbio logic.

『사이언스』 원죄 Science : the definitive 2010 인터넷 교보문고 애덤 하트 데이비스지음 강윤재 역

『정의란 무엇인가』 2010 김영사 발행 마이클 샌들 지음 이창신 역자

『아름다운 유성 볼거리 할 일도 많다』 2015 두손 컴 출판 조성순 지음

『제4의 물결이 온다』 2017 ㈜ 지식노마드 출판 최윤식·최현식 지음

『공감의 시대』 원죄 Age of Empathy : Nature'S Lessons For a Kinder Society 2017 김영사 출판 프란스 드 발 지음 엮은이 최재천·안재하

『세계미래 보고서 2030~2050』 2017 ㈜ 교보문고 박영숙·제롬 글렌 Jerome Glenn 지음

필자

💻『다섯章의 時』를 마무리 하면서

(Past through Present Times composed of Five Chapters)

영장류동물은 흔적을 남기면서 살아간다. 동물은 자기의 행로 또는 행동반경이나 수태, 먹이의 사냥 저장위치 등 필요에 따라서 흔적을 남긴다.

인간의 흔적痕跡은 토지의 경작에서부터 바다에는 영해를 긋고 하늘에는 항로를 정하듯이 국경을 설정 영토권을 주장하고, 국가라는 체제하에서 저마다 신앙생활이나 연구 활동을 하고, 이를 문자로 남기거나 앨범, 형상을 제작 설치, 음원을 제작 그리고 생활에 필요한 자동차 요트 비행물체 국가보호를 위해 핵물질을 비롯한 다양한 생활용품까지 개발하여, 지적소유권을 주장하는 제도에 묶어두고 살아간다.

시인은 돌멩이에 흔적을 많이 남긴다. 필자도 흔적을 남기려고 그 거룩한 詩라는미명하에 기억記憶을 더듬어 감각을 통하여 영혼에서 발광發光하는 문자를 서툴게나마 조립하려고 애를 쓴다.

히포크라테스Hippocrates가 말하는 다혈질多血質 우울질憂鬱質은 강하고, 담즙질膽汁質 점액질粘液質은 약한가? 불균형의 기질氣質 때문에, 글이 때론 제대로 된다는 생각은 이상하다, 그러나 이상하다고 생각하는 것은 더 이상하다.

플라톤Platon의『국가론』에서 이상 국가에서 시인을 추방해야 한다고 하였다. 세상만물에 달통해 있다 하여도 사정은 바뀌지 않는다고, 지식과 무지의 모방을 분별할 능력이 없기 때문이라고, 진리와 동떨어진 작품을 제작한다는 측면에서, 정신의 열등한 면을 다룬다는 점에서도 화가와 닮았다고, 이것이 그를 이상 국가에서 받아 드릴 수 없는 이유라고...

잘못된 지배자처럼 인간의 감정을 조정해 이성을 해치며, 인간의 불합리한 심성에 영합해 그릇된 습성을 심어놓고 더욱 나쁜 것은, 그이 시가 선량한 사람들 까지 망친다고, 서정시건 서사시건 감정에만 호소하는 시를 받아드리면, 우리의 국가에는 쾌락과 고통만이 넘쳐 날 것이라고?

위 부분의 동의여부는 독자의 몫으로 하고, 필자가 접근하기엔 문제가 너무나 무겁다! 『다섯章의 時』에 대한 글을 조심스럽게 발표할까한다, 세종출판사 이동균 상무님을 비롯하여 김미화 선생님과 임직원들의 노고에 감사드리고, 독자 여러분의 일독을 권하며 지도 편달 바랍니다.

2019 유월의 중순에 삼가 지은이 올림

다섯 章의 時

초판발행 2019년 6월 25일

저자 조성순
펴낸이 이길안
펴낸곳 세종출판사

주소 부산광역시 중구 흑교로 71번길 12 (보수동2가)
전화 051－463－5898, 253－2213~5
팩스 051－248－4880
전자우편 sjpl@chol.com
출판등록 제02-01-96

ISBN 979-11-5979-291-5 03810

정가 10,000원

이 도서의 국립중앙도서관 출판예정도서목록(CIP)은 서지정보유통지원시스템 홈페이지(http://seoji.nl.go.kr)와 국가자료공동목록시스템(http://www.nl.go.kr/kolisnet)에서 이용하실 수 있습니다. (CIP제어번호: CIP2019023312)